R

Valentín Rincón
Diseño de Alejandro Magallanes

Primera edición Nostra Ediciones, 2008

Primera reimpresión Nostra Ediciones, 2010

D.R. © Nostra Ediciones, S.A. de C.V., 2010

    Alberto Zamora 64

    Colonia Villa Coyoacán

    04000, México, D.F.

DIRECCIÓN GENERAL: Mauricio Volpi

DIRECCIÓN EDITORIAL: Andrea Fuentes Silva

CORRECCIÓN: Yeicko Sunner

DISEÑO GRÁFICO: Alejandro Magallanes ®

© Valentín Rincón, 2008

© Por las ilustraciones Alejandro Magallanes, 2008

ISBN: 978-607-7603-06-1

Impreso en China

PALINDROMERO

Valentín Rincón
Diseño de Alejandro Magallanes

NOS
TRA
EDICIONES

México | España

CONTENIDO

LA RUTA NOS
APORTÓ OTRO
PASO NATURAL

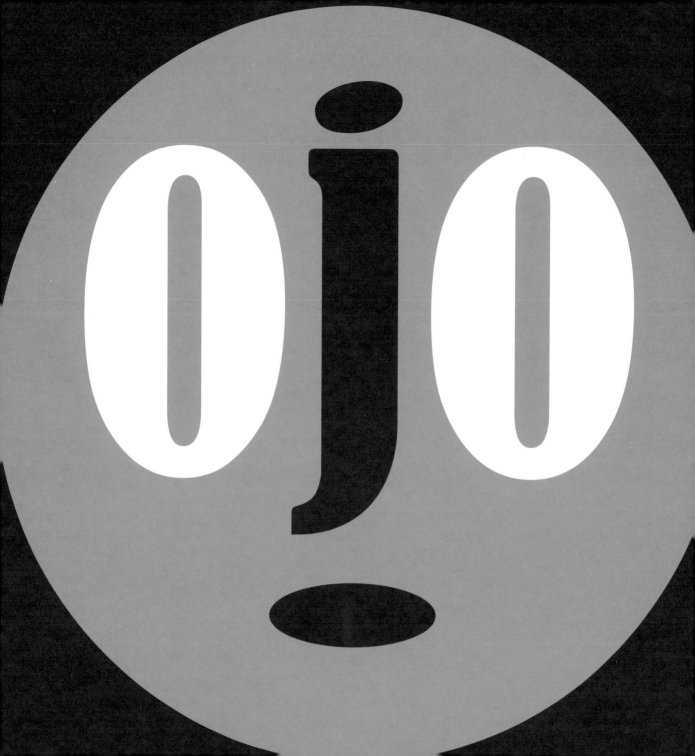

Introducción

Se le llama palindroma a cualquier palabra o frase que se lee igual de izquierda a derecha que de derecha a izquierda. Por ejemplo la frase **Oír a Mario**[1] es un palindroma. Para designar estas expresiones también se usa la palabra palíndromo. Sus raíces son griegas: *palin,* nuevamente y *dromo,* carrera. Asimismo al palindroma se le suele llamar capicúa, palabra de origen catalán que también se aplica a los números que se pueden leer en ambos sentidos y resultan lo mismo, por ejemplo **2112**.

[1] En la práctica, al leerse la frase palindrómica en el sentido opuesto al usual, es decir, de derecha a izquierda, los acentos y la puntuación pueden cambiar. Esto no demerita al palindroma.

ARTE, LA LETRA

Reconocimiento a la literatura, Valentín Rincón.

Muchos escritores han sido tocados por la fascinación de los palindromas: Edgar Allan Poe, Lewis Carrol y James Joyce mostraron marcado interés en ellos; también Augusto Monterroso, quien tituló uno de sus ensayos con el palindroma **Onís es asesino**. Julio Cortázar formó el título de un cuento suyo[2] partiendo de un palindroma, **Atar a la rata**, el cual puso en plural, **Atar a las ratas**, e invirtió: **Satarsa la rata**. Por cierto, en este cuento también otros palindromas asumen un papel destacado.

El libro que tienes ahora en tus manos, *Palindromero*, es una colección en la que figuran palindromas anónimos y palindromas con paternidad reconocida. Al hacer la selección, escogí los que poseen un sentido claro a la vez que un acercamiento al habla cotidiana.

[2] "Satarsa", publicado en *Deshoras* en 1982.

Lo que se afirma en seguida puede considerarse un anacronismo si se piensa en la Eva primera, la del Génesis: en aquella lejana época no había rimel; pero sea ella o no, qué suavidad y qué coquetería matizan este palindroma.

EVA USABA RIMEL

Los palindromas están por allí escondidos, no se inventan, se descubren. Por esta razón es muy común que un palindromista descubra uno y resulte que ya otro palindromista lo había concebido. Esto es muy frecuente. Al que estas líneas suscribe le ocurrió que estando muy entusiasmado y orgulloso por haber "inventado" este y aquel palindroma que le parecían meritorios, ¡oh decepción!, ya los había descubierto otro colega. Esto sucedió con los que enseguida enumero: **Zulema, dame luz**, **Aloca coco Coca Cola**, **Así me trae Artemisa** y otros. A mi hermana Gilda le pasó lo mismo con sus brillantes **Abre, y ya hay yerba**, **Sale el as** y **No viene Ivón**. En estos casos, es probable que los descubridores que coincidieron hayan seguido rutas mentales semejantes. Como apunté, los palindromas están por allí latentes y se descubren.

LE MIRABA SUAVE

Se atribuye este palindroma al escritor español José Antonio Millán.

Los palindromas no dicen lo que uno quiere. Se tiene que aceptar lo que ellos dicen. Los hacen las palabras, ellas solas o ligeramente empujadas. Son juegos mentales y lingüísticos para quien los construye y para quien los lee, ocio que mueve los engranes del cerebro. Son cuentos cortos, historias apenas sugeridas. Anita lava la tina. ¿Quién es Anita?, ¿de quién es la tina que lava?, ¿para qué la lava?, ¿de qué se ensució la tina?

Hay algunos que casi te cuentan un cuento: Ateo por Arabia iba raro poeta; los hay sentenciosos: Sacude o lava, lo educas; otros que denotan alarma: ¡No!, ¡el león!; otros pícaros, para la mente pícara: Eme, si va a los sotos sola avíseme; algunos constituyen una advertencia: A Cata le aviso: si va él, ataca; los hay también filosóficos: Oro llama lloro, o ¿Somos acaso motas, átomos acá somos?; o bíblicos: Oyó el rey a Natán, ayer le oyó.

¡EA!, CON AMOR

Te reto, amigo lector, a hacer un cuento a partir de algún palindroma, como lo hicieron Cortázar y Monterroso.

A algunos les añadí un pequeño comentario, el cual bien puedes complementar, y aun puedes glosar los que carecen de tal anotación. Pasemos pues al mundo de las palabras y las frases de ida y vuelta o, como dicen en Chiapas, "de voy y vengo".

ROMA NO CAE

Gilda Rincón.

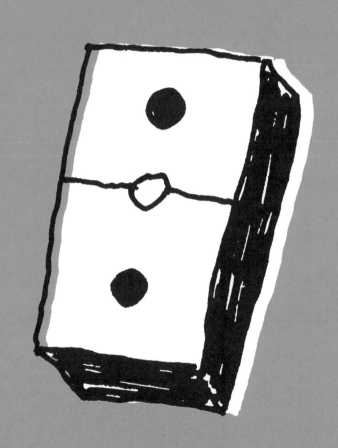

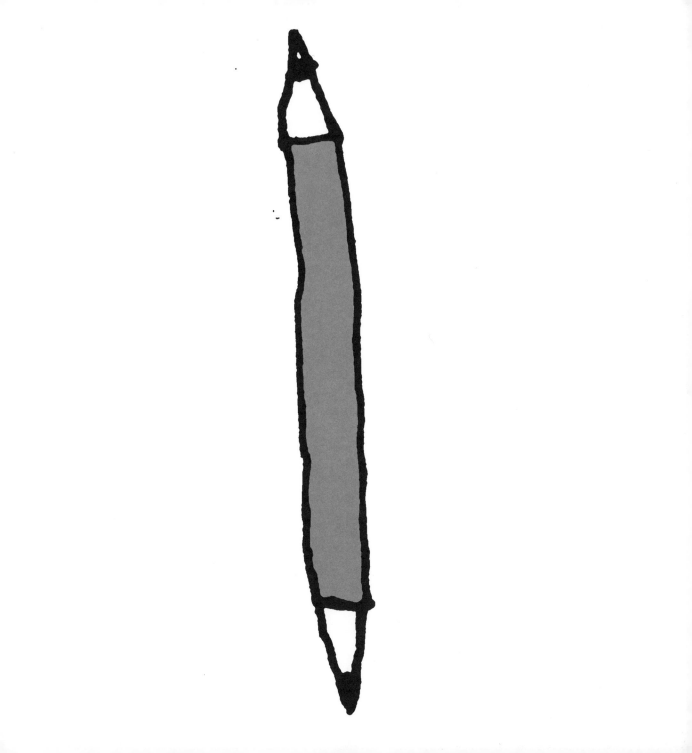

Para abrir boca,
algunas palabras palindrómicas

ACÁ
ACURRUCA
AÉREA
ALÁBALA
ALÉJELA
ALELA
ALLÁ
AMA
ANA
ANONA
ARA
ARAÑARA
ARETERA

ANILINA

ASA

ATA

ATETA

AVIVA

AYA

DAD

EJE

ELE

EÑE

ENE

EME

ERRE

EFE

ELLE

ESE

KAYAK

NADAN

NATÁN

ORO

OSO

OTO

OYÓ

RADAR

RAJAR
RALLAR
RAPAR
RASAR
RAYAR
RECONOCER
ROTOR
SABÁS
SACAS
SALAS
SANAS

SAYAS
SEDES
SELLES
SERES
SOLOS
SOMOS
SOTOS
SOMETEMOS
SOLDADLOS
SOPAPOS
SUS

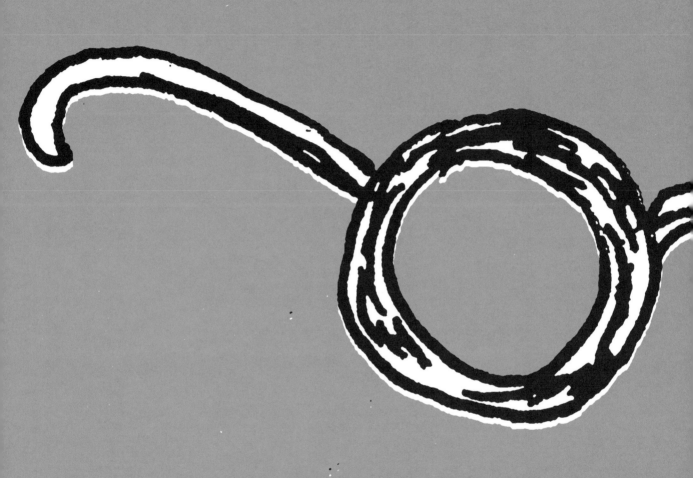

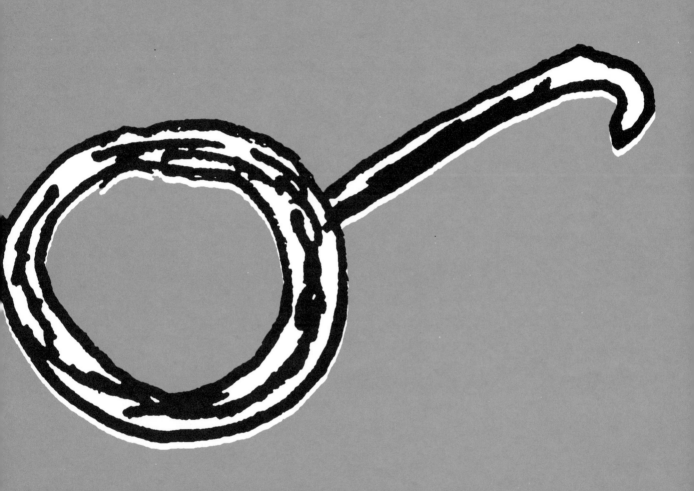

Algunos anacíclicos,

palabras que al ser invertidas adquieren otro significado

ABAD	◆	DABA
ABAJEÑA	◆	AÑEJABA
ACATA	◆	ATACA
ACUDE	◆	EDUCA
ADÁN	◆	NADA
ÁGIL	◆	LIGA
ALAS	◆	SALA
AMOR	◆	ROMA
ANIMAL	◆	LÁMINA
ANITA	◆	ATINA
ANOTAR	◆	RATONA
ARAD	◆	DARÁ

ARAÑOS		SOÑARÁ
ARAR		RARA
ARAS		SARA
ARO		ORA
ARROZ		ZORRA
ASÍ		ISA
ASIR		RISA
ASIRNOS		SONRISA
ATAR		RATA
ATINAR		RANITA
ATÍNELE		ELENITA
AVAL		LAVA

AVE	⬥	EVA
AZAR	⬥	RAZA
DEBAS	⬥	SABED
DIO	⬥	OÍD
EBRO[3]	⬥	ORBE
EDUCAS	⬥	SACUDE
LAS	⬥	SAL
LEÓN	⬥	NOEL
LOS	⬥	SOL
NABOR	⬥	ROBAN
NIDO	⬥	ODÍN
NOTAR	⬥	RATÓN

[3] El Ebro es un río de España.

ODIO ⬧ OÍDO

OMAR ⬧ RAMO

ORAR ⬧ RARO

ORTO ⬧ OTRO

OSAR ⬧ RASO

OSOS ⬧ SOSO

RES ⬧ SER

RANAS ⬧ SANAR

ROBAS ⬧ SABOR

SABES ⬧ SEBAS

SAPOS ⬧ SOPAS

SUEZ[4] ⬧ ZEUS

[4] Suez es una ciudad de Egipto.

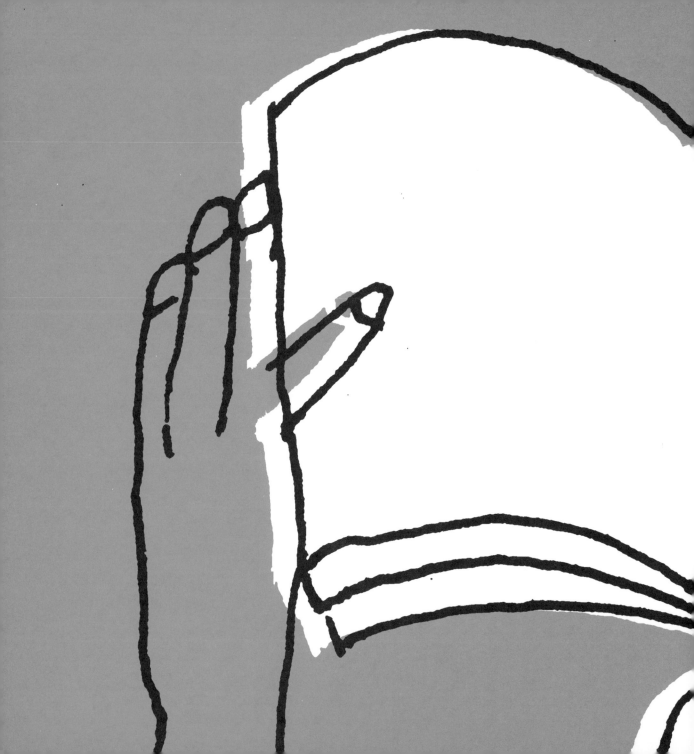

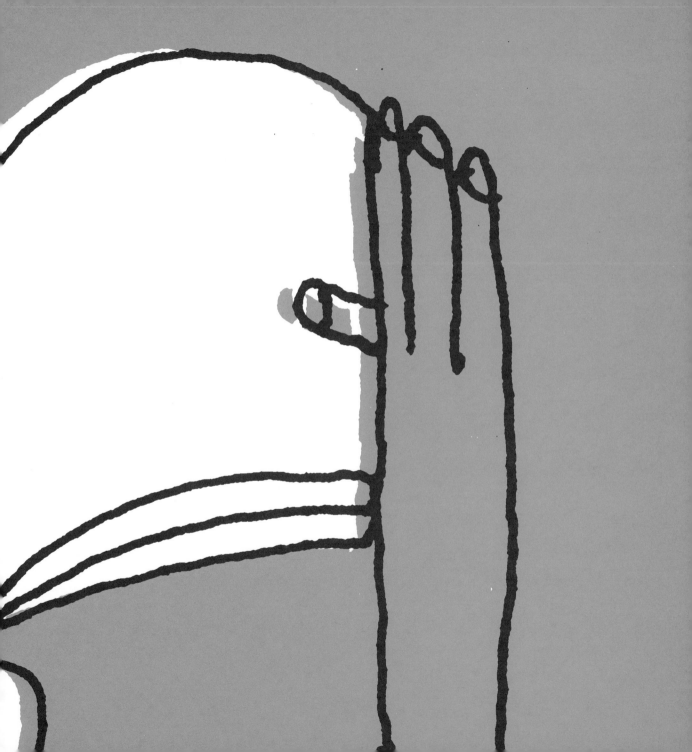

Palindromas de autor

De Juan José Arreola:

ADÁN SÉ AVE
EVA ES NADA

EVA ES NADA

Palindroma con un dejo de machismo.

ETNA DA LUZ AZUL A DANTE

¿Será el volcán, o una bella musa quien da luz azul al autor de La divina comedia?

De Julio Cortázar:

Cortázar, en su cuento "Lejana", menciona estos palindromas y los califica de 'fáciles':

SALTA LENÍN EL ATLAS
AMIGO NO GIMA

En el mismo cuento, el autor considera 'difíciles' estos otros:

ÁTALE, DEMONÍACO CAÍN,
O ME DELATA

ANÁS USÓ TU AUTO, SUSANA

Del siguiente (de Cortázar), Helena Beristáin opina que es "todo un tratado de filosofía de la historia" [5]:

ADÁN Y RAZA, AZAR Y NADA

[5] Beristain Helena, *Diccionario de Retórica y Poética*, Editorial Porrúa S.A., p 377.

De Rubén Bonifaz Nuño:

ODIO LA LUZ AZUL AL OÍDO

Poéticamente se le asigna una función a un sentido (el oído), que pertenece a otro (la vista).

De José Antonio Millán:

ANITA LA GORDA LAGARTONA NO TRAGA LA DROGA LATINA

Palindroma traído a México por Augusto Monterroso en 1982.

De Augusto Monterroso:

ONÍS ES ASESINO

De Valentín Rincón:

ANA LLEVA AL LEÓN NOEL LA AVELLANA

A CATA LE AVISO: SI VA ÉL, ATACA

SONI NOEL: SOÑARÁ SOL RECONOCER LOS ARAÑOS LEONINOS

ALEVOSO, ESE OSO VELA

YA DIO SEVERO

A LA MADRE CAZA CERDA MALA

ROMA: LA ADORO Y AMO, O MAYOR ODA AL AMOR

REVÉS, OÍD: ¡AY!

Aclaraciones pertinentes:

LEÓN: YO SOY NOEL
NOEL: YO SOY LEÓN

EVA,
AÉREA
AVE

LUZ A OJO AZUL

LA ROCA VIVA, CORAL

LA MATERIA Y AIRE: TAMAL

ARENA LLANERA

Palindroma de palindromas:

ORO ACÁ,
LUZ AZUL ALLÁ,
ALLÁ LUZ AZUL,
ACÁ ORO

ROMA LA ATA AL AMOR
ODÍN LA ATA AL NIDO

Este abad no es el dadivoso del célebre palindroma

"Dábale arroz a la zorra el abad". Más generoso resulta aquí Adán:

ADÁN DÁBALE AMOR A ROMA, EL ABAD NADA

SI NO ATINA, IRÁ MAL A LA MARIANITA, ONÍS

ADA NO SACA ACASO NADA

LEÍ FIEL

SAM, ADAN Y ANA, Y NADA MÁS

La obsesión de un admirador del Cid Campeador:

SOÑAR A VIVAR, AÑOS

¿ORAR ALLÁ...? RARO

AROMA A MORA

ANITA: SOMOS O NO SOMOS. ATINA

SOMOS LA SAL, SOMOS...

ADÁN SOMOS O NO SOMOS NADA

SOMOS LA BARRA, ESE ARRABAL SOMOS

Reafirmaciones existenciales:

ANOTAR
YO SOY RATONA

ADÁN Y EVA SOMOS
AVE Y NADA

ODIO LA ARENA LLANERA AL OÍDO

Ha de ser realmente molesta.

AÑEJABA AROMA A MORA ABAJEÑA

A CATA EL AMOR A ESE AROMA LE ATACA

A DAFNE EL RECONOCER LE ENFADA

Igual que a muchos.

A DAFNE EL OIR AÍDA DIARIO LE ENFADA

¡A cualquiera le hartaría!

ANA SUSANA
SE ASOMA,
FAMOSA ES
ANA SUSANA

Exclamó don Juan: "¿Quién es mi preferida?"

¿ANITA, ANEL, EROS O SOR ELENA? ATINA

Seguramente elegiría a Elisa:

ASÍ LE FALLA FELISA
ASÍ LE AMA ELISA

EMA, LA DIVA, ÁVIDA LAME

Canción triunfadora del "Hit Parade":

"PARA LAMER YO SOY RE MALA". (RAP)

Donde se observa que Anita no quiere bien a Tina:

ANITA: ¿SOMETEMOS A TINA?

ANITA ATA A TINA

ANITA ARAÑARÁ A TINA

ADAM: LA COSA PASÓ CALMADA

Y LOLA AMA A LOLY

En un turbulento y helado río de las regiones polares, en una embarcación,
nació un niño esquimal, y exclamó lo siguiente:

¡AY! YO NACÍ. REMA KAYAK AMERICANO Y YA

ZAPATA ME MATA, PAZ

ANOTAR AÑO DE DOÑA RATONA

Mala manera de enfrentar la soledad:
YO SOLO, BOLO SOY[6]

[6] "Bolo" en Chiapas significa borracho, ebrio.

ANOTARÉ SI PISÉ RATONA

YA, YA, YA: ¿LA SALSA MÁS LA SAL...? ¡AY, AY, AY!

ACASO LO SACA

SI ES ACASO TITO, SACA SEIS

APORTA LA TROPA

APARTA O ATRAPA

OÍR A MARIO

Órdenes, pedidos, sugerencias, súplicas:

SAM: ALÉJELA MÁS

ISA: LEA A ÉL ASÍ

SAM: ACORTA LA TROCA MÁS

DAD, IVÁN, A LOLA, NAVIDAD

ALÉJELA, A LA MONA ANÓMALA ALÉJELA

NADA: ACATA Y ATACA ADÁN

SÉ LOS SOLES

ALLÁ OMAR, ESE RAMO ALLÁ

¡AY ELIA, BAILE YA!

ACUDE NOEMÍ, SIMEÓN EDUCA

OÍD, OLED ALLÍ RAMA AMARILLA DEL ODIO

Siempre resulta útil y enriquecedor educar:

¡AY SOL, ACUDE Y EDÚCALOS YA!

MANUEL ACUDE, Y EDÚCALE UNAM

¡Cómo estará esa tina!

¡AY ANITA, LAVA LA TINA YA!

Tómele puntería:

A CUCA, ELENITA; ATÍNELE A CUCA

Exagerado moralismo:

ANA: TÁPESE, PATANA

¿SABES OTRO CORTO, SEBAS?

ÁVIDA LEE LA DIVA

ASÍ LE MIMA MAMI, MELISA

De Gilda Rincón:

EVA USA CASACA SUAVE

ABAJO LA ALOJABA

ASÍ LE OYÓ ELISA

EME: SI VA A LOS SOTOS SOLA, AVÍSEME

SACUDE O LAVA, LO EDUCAS

OYÓ EL REY A NATÁN, AYER LE OYÓ

ATE LA MALETA

TÚ REPARAS ESE SARAPE, RUT

A LA GAMA, AMÁGALA
EL NENE LLORÓ, LLÉNENLE
NO MAJES ESE JAMÓN
SAL A OÍR, EUQUERIO ALAS
OREN EN ENERO
SANA LLEVAS AVELLANAS
ANI PORTA ATROPINA
ALINA DA NOPAL A LA LAPONA DANILA

ANA LIMA ES ASÍ, SI SISA[7] , SE AMILANA

No cabe duda que se siente pesar cuando la riqueza merma:

AY SELIM, NO SON MILES YA

En el harem:

A LA MORA ARRÍMALA A LA MIRRA, ARÓMALA

Por si Jose, aun siendo sabia, no sabe qué dar de comer:

SABIA JOSE, DAD ESO: JAIBAS

¡Por fin!

¡AY, SOLOS YA!

58   [7] De *sisar*: Substraer para sí una pequeña cantidad de dinero haciéndola figurar
de más en la cuenta de la compra.

Duda acerca de la propia pequeñez:

¿SOMOS ACASO MOTAS, ÁTOMOS ACÁ SOMOS?

Dilema existencial:

SER O NO RES

Telegrama informativo relativo al tsunami:

OLA TAMAÑA MÁTALO

Epidemia:

O SE APARTA O ATRAPA ESO

Sadismo y ocultación:

ZULEMA: DÁMASO DA PALOS SOLAPADOS A MADAME LUZ

MARIANO: BAJA RÁPIDO, NO DI PARA JABÓN A IRAM

SABES RECONOCER O NO RECONOCER, SEBAS

ANI, VIDA: ADIVINA

YO HONRETE
ANTE ESE ETNA
ETERNO HOY

ALLÍ VA VILLA

SAM A MÍ ME
MIMA MÁS

A DARÍA
SÉ VERLA
AL REVÉS,
AIRADA

ATINAR A
LA RANITA

ESO LO SÉ SERGITO: SAFARI, JIRAFAS O TIGRES. ESO LO SÉ

…y aún así la abuelita quiere ir con Sergito al safari.

NABOR, A LA IRISAD

¿Tembló?

…O ERA MAREO

Sensibilidad a flor de piel:

ALUCINA CADA CANÍCULA

YARA, CADA RUTA SATURADA, ¡CARAY!

Como en las "horas pico" en la ciudad de México.

IADA SIRIA LA ROBAN

Se percibe peligro:

...Y AHORA LO VA A VOLAR ¡OH! ¡AY!

De Óscar René Cruz[8]:

¿LAMIÓ A NOÉ LA LEONA? ¿OÍ MAL?

Algo realmente increíble.

ÁTANOS A LA SOTANA

Quizá refleje el inconsciente de los que se inclinan por la derecha.

Más vale asegurarse.

¿SEGURO NO RUGES?

RENÉ TEME TENER

¿Qué puede ser lo que René teme tener?

 [8] Cruz, Óscar René, *Palíndromos*, Publicaciones Cruz O. S.A.

ASÍ ME TRAE ARTEMISA

ANA MIS OJOS IMANA

ESO NO SÉ MURMURA: RUM... RUM...

ABRE Y YA HAY YERBA

SE ES O NO SE ES

SOMOS O NO SOMOS

YO DE TODO TE DOY

De Willy de Winter[9]:

AL REPARAR OLLA HALLÓ RARA PERLA

ÁMAME MAMÁ, EDIPO LO PIDE, ÁMAME MAMÁ

YO SABÍA, JAIBA SOY

OÍ LO DE MAMÁ, ME DOLIÓ

SI LIBA LA SOBERANA, REBOSA LA BILIS

[9] De Winter, Willy, *Nueva Picardía Palindrómica*, Zubillaga, Artes Gráficas.

Palindroma escrito en un pizarrón de la facultad de Filosofía y Letras,
según apunta Willy de Winter en su Picardía Palindrómica:

¿SON MULAS O SESOS ESOS ALUMNOS?

De Ramón Ciné:

NOTA ÉPICA: NACÍ PEATÓN

Seguramente se trata del hombre que nunca gateó.

Palindromas consignados en el libro de Otto-Raúl González[10]:

[10] Los palindromas de esta sección están consignados en el libro *Palindromagia*,
de Editorial Presencia Latinoamericana, S. A.

De Carlos Illescas:

DAMAS, OÍD A DIOS: AMAD

De José de la Colina:

LA MARLENE AMA EN EL RAMAL

De Otto-Raúl González:

SORBÍ LIBROS

AY, NENAS, SANEN YA

¿Solamente una nota mala?

A LA MATONA, LA NOTA MALA

Expresión de algún dueño de laboratorio de análisis clínicos:

¿ANÁLISIS?, SÍ, SÍ, LANA

ALTO POPOTLA

A TÍ NO, BONITA

Escena terrorífica:

SATÁN SALE DE LAS NATAS

LA TELE LETAL

Casi toda lo es.

Ya que se tiene la anhelada fortuna, ésta puede acarrear desgracias:

ORO LLAMA LLORO

¡AY!, OJALÁ DURE NERUDA, LA JOYA

ONÁN ES ENANO

NO VIENE IVÓN

NEGRA MARGEN

A JAPÓN ORO, NO PAJA

El sueño de todo entrenador profesional de futbol:

SÉ LOGRAR GOLES

EL AIRE HERÍALE

LA VOZ OVAL

De Adam Rubalcava:

ZULEMA, DAME LUZ
A COLIMA VA MI LOCA
ADÁN NO CALLA CON NADA
ÁNIMO DE LOCO LE DOMINA
ANÍMASE BELISARIO, IRÁ SI LE BESA MINA

De Ulalume González de León:

ASIRNOS AL AMOR AROMA LA SONRISA

LOS ANAGRAMAS AMARGAN A SOL

De Enrique Alatorre:

Aunque no lo creas:

OÍD ANIMAL: ORO LA MINA DIO

De Darío Lancini:

YO HAGO YOGA HOY

ABAD, UD. SIN ANÍS DUDABA

De José Antonio Robles:

ALLÍ TROTA LA TORTILLA

¿ERES O NO ERES? ¿SERÉ O NO SERÉ?

AMAD A LA MALA, A LA MALA DAMA

¿Por qué la habrán de rasurar?

SARA, A LA RUSA RASÚRALA A RAS

De Alejandro Herrera Ibañes:

ALLÍ SALE DE LA SILLA

AMOR AL AROMA

AMOR A MARES. ¿O SERÁ MAROMA?

De Ramón Giné Farre:

ISA, YO SOY ASÍ

LE UNA MÁS A MANUEL

SALE EL AS

MÁS ASADO DAS A SAM

ADELA YA LE DA

AÍDA DA CADA DÍA...

De Noel Clarasó:

SE VAN SUS NAVES

ES ADÁN, YA VE, YO SOY EVA Y NADA SÉ

¿Masoquismo?

SE CORTA SARITA A TIRAS ATROCES

De Diana Wibo (a los 16 años de edad):

ETNA GIGANTE

¿ACASO COCA COLA ALOCA COCOS ACÁ?

De Andrés Sestier:

¡ÁNIMO, ROMINA!

De José Santos Barrera:

Probablemente dicho por una china o japonesa:

ÓLALE, ¿VES O NO MI KIMONO? SE VÉ LALO

De Arnulfo Giorgana (Numo Común):

EMA, DAME OPORTO Y OTRO POEMA DAME

AMAD A LOS SOLOS, SOLA DAMA

De Julio Moctezuma Barragán:

LA MARUCA CURA MAL

A TI, LOLITA

OÍR A SOR LEDA, LA DEL ROSARIO

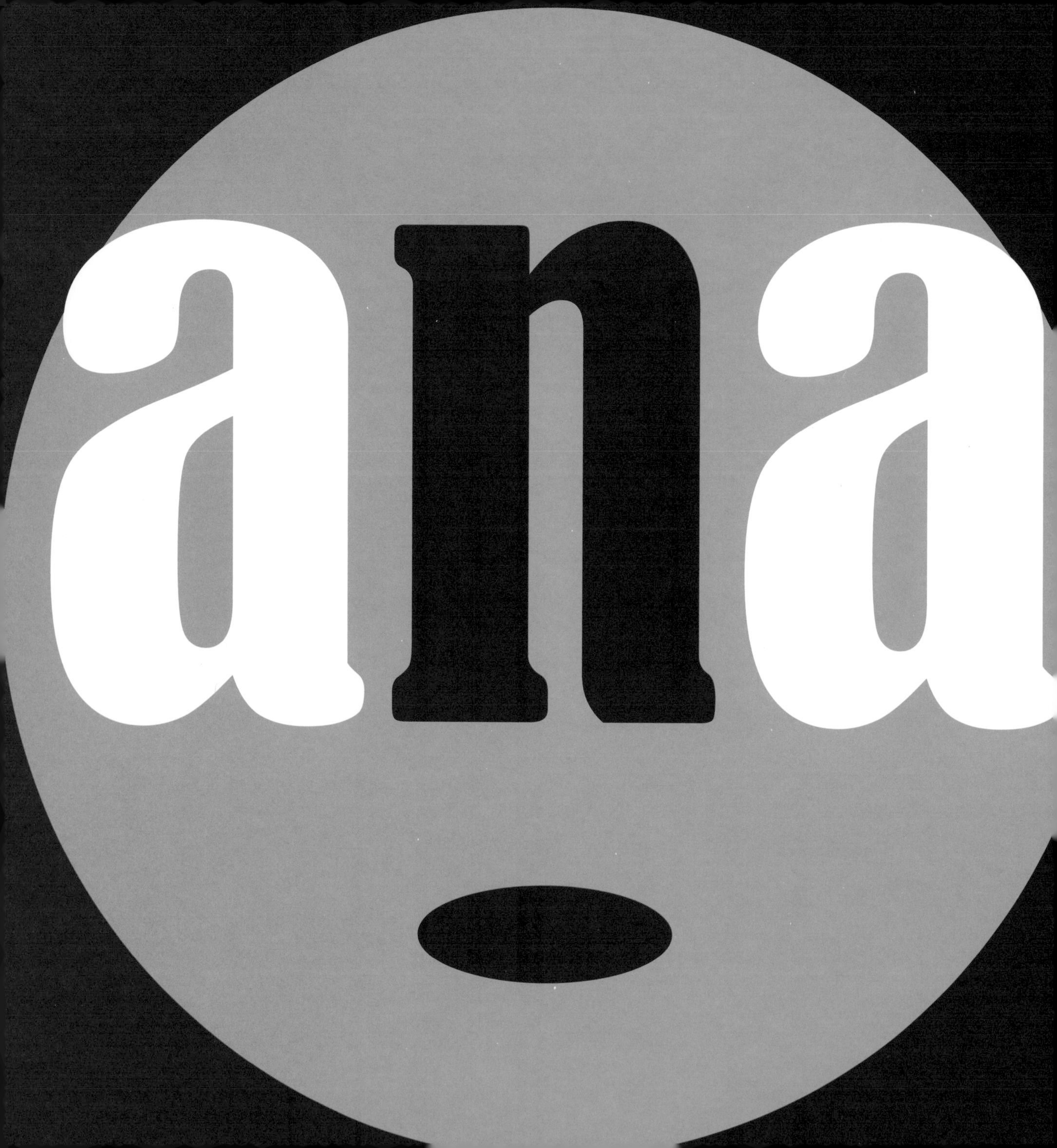
ana

Palindromas anónimos

DÁBALE ARROZ A LA ZORRA EL ABAD

ANITA LAVA LA TINA

OÍR A DARÍO

LUZ AZUL

ATAR A LA RATA

SOMOS SERES, SERES SOMOS

Buen invento:

NOS IDEÓ ÉDISON

Nota surrealista:

SE LAMINAN ANIMALES

¡NO!, ¡EL LEÓN!

ABAJO ME MOJABA

NO SUBAS, ABUSÓN

EL BIRRETE TERRIBLE

Así lo ven quienes están sustentando el examen profesional.

AGOTA LA TOGA

¿ROBA LA COPA?... POCA LABOR

¡Qué exigente!

Ladrón refinado y exclusivo:

ROBABA ORO A BABOR

¿LA MORAL? CLARO, MAL
EL RÍO ES LUZ AZUL, SÉ OÍRLE
ATEO POR ARABIA IBA RARO POETA

Muchos poetas realmente ganan poco:

ROMA LE DA TÉ O PAN A POETA
DEL AMOR

TRAZÓ MAL A MOZART

NEUQUÉN

Se trata de una provincia argentina.

A MERCEDES ESE DE CREMA
SIN ANÍS
OJALÁ EMA AME AL AJO

Para cuidar bien esa salud:
NI NICOTINA NI TOCINÍN

YO DE LA PAPA LE DOY
YO DONO ROSAS, ORO NO DOY
SÍ, RAPÉ DE PARÍS

Por quererse esconder lo descubrieron:
ÉSE SE ACURRUCA, ÉSE ES

¿LIGARÁ GIL O NO LIGARÁ GIL?

ELLA TE DARÁ DETALLE

LE AVISARÁ SARA SI VA ÉL

ISAAC NO RONCA ASÍ

OIRÁS ORAR A ROSARIO

ANITA, AL RECONOCERLA, ATINA

LA TOMO COMO TAL

SOR REBECA HACE BERROS

ANA LAVA LANA

ALLÍ VES SEVILLA

A MAMÁ ROMA LE AVIVA EL AMOR A PAPÁ;

Y A PAPÁ ROMA LE AVIVA

EL AMOR A MAMÁ

AMAD A LA DAMA

AMO LA PACÍFICA PALOMA

LA TURBA BAJABA BRUTAL

LA MARIHUANA, UH... IRÁ MAL

ARDE YA LA YEDRA

YA URGE GRÚA Y...

DE SADE ME DA SED

ACUDE Y APARTA, ATRAPA Y EDUCA

O REY O JOYERO

SERRANO DEBE DONAR RES

¡Pero qué mala intención!

A LA MANUELA DALE UNA MALA

Existió en Bagdad un sultán llamado Alí, que era muy celoso y tenía una esposa sumamente pizpireta. Tal situación lo irritaba y por eso tenía que recurrir al conocido té calmante:

ALÍ TOMÓ TILA

ES RARO DORARSE

ESE BELLO SOL LE BESE

ANA, LA TACAÑA CATALANA

ANA LA GALANA

ASÍ MARIO OIRÁ MISA

ROZA LAS ALAS AL AZOR

ANULA LA LUZ AZUL A LA LUNA

NO TRACES EN ESE CARTÓN

NO BAJARÁ SARA JABÓN

ELBA CORTÓ ESE OTRO CABLE

SÉ VERLE EL REVÉS

¿SE VA?, LLEVE LLAVES

Palindromas en inglés

Sencillo palindroma atribuido a James Joyce:

MADAM I'M ADAM

(Señora, yo soy Adán)

NO LEMON, NO MELON

(Ni limón ni melón)

IF I HAD A HI FI

(Si yo tuviera un "alta fidelidad")

WAS IT A RAT I SAW?

(¿Fue una rata lo que vi?)

PUT IT UP

(Ponlo arriba)

DENNIS AND EDNA SINNED

(Dennis y Edna pecaron)

LEW, OTTO HAS A HOT TOWEL

(Lew, Otto tiene una toalla caliente)

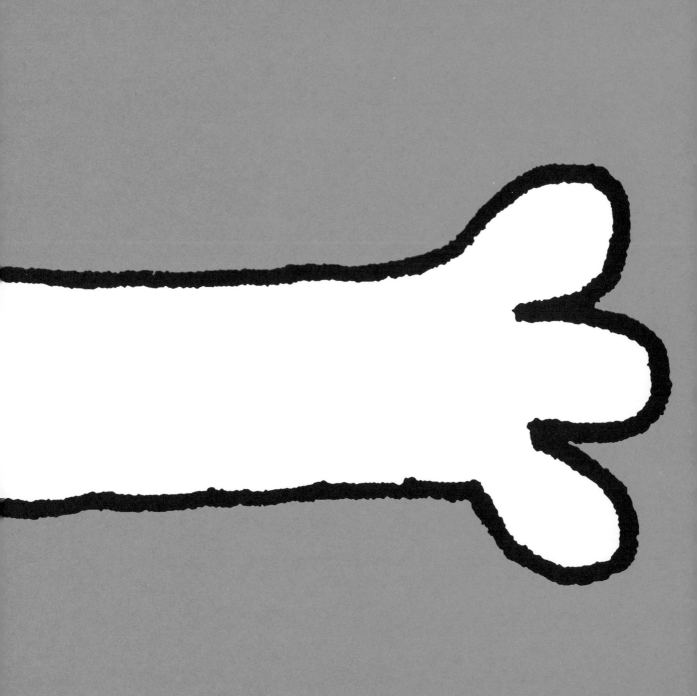

Variantes palindrómicas

FALSOS PALINDROMAS O SEUDOPALINDROMAS

En una ocasión, Augusto Monterroso, bromista y ocurrente por naturaleza, compuso un aparente palindroma, es decir, una frase que a primera vista hiciera creer al lector que se trataba de un palindroma, sin serlo en verdad. En él hace referencia a Alfonso Reyes:

ALFONSO NO VE EL NÓBEL FAMOSO

Como palindroma es falso aunque su enunciado es cierto. De esta manera, se dice que fue el creador del falso palindroma o seudopalindroma. Quise corresponder al célebre autor de minificciones con el siguiente seudopalindroma:

OSO DEL MONTE RÍESE DE MONTERROSO

Tienen sentido las líneas horizontales y las verticales.

A D Á N		O R A R		S A N A	
D A R Á		R A Z A		A D Á N	
A R A D		A Z A R		N A D A	
N A D A		R A R O		A N A S	

A L A S		S A R A		R A R O	
L A V A		A M O R		A T A R	
A V A L		R O M A		R A T A	
S A L A		A R A S		O R A R	

N O E L		R A S A		O R A R	
O R B E		A L A S		R I S A	
E B R Ó		S A L A		A S I R	
L E Ó N		A S A R		R A R O	

Se toma como unidad la sílaba, no la letra.

TÓMAME O ME MATO
CÁSATE O TE SACA
TOMO LA MOTO
COMO MOCO
DORADO COMO MOCO DORADO
JUAN ES DE GRAN CASACA. GRANDE ES JUAN
TE MATO CON TOMATE
SÍ, A LA RAMONA ENAMÓRALA ASÍ
MELOSA, JAMÓN LAME LA MONJA SALOMÉ

CANICA

CASACA

CÓLICO

CÓNICO

COSACO

DORADO

LÁVALA

MAMÁ

NANA

PAPÁ

RANURA

RASURA

RATERA

ROMERO

ROPERO

ROQUERO

SOPESO

ALGUNOS EJEMPLOS DE ANACÍCLICOS SILÁBICOS

ALISO – SOLÍA

CAVA – VACA

JAMÓN – MONJA

LOMA – MALO

MELOSA – SALOMÉ

METO – TOME

METE – TEME

MORA – RAMO

DIÁLOGO PALINDRÓMICO

La unidad es el renglón.

Jacinto:

Sería bueno que vinieras a mi casa.
Ni pensar que admita yo que
alguna vez no fueras bien recibido.
Resulta obvio que
te recibiré siempre con los brazos abiertos.
No se te vuelva a ocurrir que
dudo de ti.
Pedro.

Pedro:

Dudo de ti.
No se te vuelva a ocurrir que
te recibiré siempre con los brazos abiertos.
Resulta obvio que
alguna vez no fueras bien recibido.
Ni pensar que admita yo que
sería bueno que vinieras a mi casa.
Jacinto.

ANAGRAMAS

Palabras o frases que se forman con las mismas letras de otra palabra o frase, que puede ser un nombre propio.

Salvador Dalí · Avida Dollars[11]

Gilda Rincón · Digno clarín

Emiliano Zapata · Amo paz en Italia

Che Guevara · Veré gaucha

Salvador Allende · ¿La ves...? la del nardo

[11] El anagrama aparece en el cuento "Lejana", de Julio Cortázar, publicado en *Bestiario*.

Diego Rivera - Vi giro de era

Silvestre Revueltas - Tu sastre, el vil revés

Picasso - S.O.S. ¡Pica!

Cervantes - Ve trances

por Lucian Bernhard.
diseñada a principios del siglo XX
del siglo XV, y Bernhard Condensed,
por Francesco Griffo a finales
las fuentes Bembo, diseñada
Para su composición se usaron
Guangdong, 511458, China.
Huanshi Road South, Nansha,
Everbest Printing Co. Ltd., 334
en el mes de agosto de 2010 en
se terminó de imprimir

PALINDROMERO

PALINDROMERO

se terminó de imprimir
en el mes de agosto de 2010 en
Everbest Printing Co. Ltd., 334
Huanshi Road South, Nansha,
Guangdong, 511458, China.
Para su composición se usaron
las fuentes Bembo, diseñada
por Francesco Griffo a finales
del siglo XV, y Bernhard Condensed,
diseñada a principios del siglo XX
por Lucian Bernhard.